T0124884

UITGAVEN VAN HET

NEDERLANDS HISTORISCH-ARCHAEOLOGISCH INSTITUUT TE İSTANBUL

Publications de l'Institut historique et archéologique néerlandais de Stamboul

sous la direction de

A. A. CENSE et A. A. KAMPMAN

V

# JANUS
# UND DER MANN MIT DER ADLER- ODER GREIFENMASKE

# JANUS
## UND DER MANN MIT DER ADLER- ODER GREIFENMASKE

VON

## Dr. HELMUTH TH. BOSSERT

Ord. Professor an der Universität İstanbul
Honor. Professor der Universität Freiburg i. Br.

İSTANBUL
NEDERLANDS HISTORISCH-ARCHAEOLOGISCH INSTITUUT
IN HET NABIJE OOSTEN
1959

Printed in the Netherlands

# INHALT

I. Janus . . . . . . . . . . . . . . . . . . . . . . . . 1 - 11

II. Adler- oder Greifenmann . . . . . . . . . . . . . . 11 - 18

III. Der Name des Adler-Mannes . . . . . . . . . . . . 18 - 25

## VERZEICHNIS DER ABBILDUNGEN

Abb. 1 a-b. Nach Arch. f. Orientforsch. VII 1931-32 S. 113 Abb. 2 u. 3.

Abb. 2. Nach E. Meyer, Reich u. Kultur d. Chetiter 1914 Taf. IV.

Abb. 3. Nach B. Hrozný, Inscr. cunéiformes du Kultépé I 1952 Taf. LVIII 22a, Sceau B.

Abb. 4. Nach Mitteil. d. Inst. f. Orientforsch. III 1955 S. 74 Abb. 2.

Abb. 5. Zeichnung des Verfassers.

Abb. 6 a-b. Zeichnung von E. Çalım nach D. G. Hogarth, Hittite Seals 1920 S. 74 Abb. 77 a und c.

Abb. 7. Nach Bittel-Naumann-Otto, Yazılıkaya 1941 S. 156 Abb. 64.

Abb. 8. Nach L. Messerschmidt, Corpus Inscriptionum Hettiticarum 1900 Taf. XLIII 4.

Abb. 9. Nach W. H. Ward, The seal cylinders of Western Asia 1910 S. 280 Abb. 854.

Abb. 10. Zeichnung des Verfassers nach Chr. Zervos, L'art de la Crète 1956 Abb. 518.

Abb. 11 a-e. Zeichnung von E. Çalım nach D. G. Hogarth, Hittite Seals 1920 Taf. VII 196 a-e.

Abb. 12-15. Nach E. Porada, Seal Impressions of Nuzi 1947 Taf. LI Nr. 93, LII Nr. 651, LIII Nr. 798, LI Nr. 505.

Abb. 16. Nach W. H. Ward, The seal cylinders of Western Asia 1910 S. 275 Abb. 832.

Abb. 17. Zeichnung des Verfassers.

Abb. 18 a-c. Zeichnung von Klaus Bockman nach einen tönernen Stier-Phallus aus der Umgebung von Balıkesir. Privatbesitz.

Abb. 19. Zeichnung von E. Çalım nach einem Phallus-Rhyton aus Kültepe. Museum in Kayseri.

Abb. 20. Zeichnung von E. Çalım nach einem Kieselstein-Phallus, gefunden in Misis.

Abb. 21. Zeichnung von E. Çalım nach einem Phallusgrabstein aus İnönü Köyü bei Konya. Museum in Kayseri.

Abb. 22. Nach Head, Historia Nummorum 1911 S. 524 Abb. 270.

# JANUS

## UND DER MANN MIT DER ADLER- ODER GREIFENMASKE

### I. Janus

Im Jahre 1952 veröffentlichte Füruzan Kınal das Manuskript eines Vortrages *Ist die Herkunft des Janus Mesopotamien?* (Ankara Üniversitesi Dil ve Tarih Coğrafiya Fakültesi Dergisi X S. 111-118 mit 19 Abb. auf sieben Tafeln), den die Verfasserin am 15.IX.1951 auf dem XXII. Orientalistenkongress in Istanbul gehalten hatte. Da ich infolge Erkrankung dem Vortrag nicht beiwohnen konnte, weiss ich nicht, was für Einwände gegen die von Kınal vertretene These und das von ihr vorgelegte Bildmaterial erhoben wurden. Dem offiziellen Kongressbericht ist nur zu entnehmen, dass in der Diskussion ein in Vorbereitung befindliches Buch von Dr. Holland-Philadephia über Janus erwähnt wurde, dass der sumerische Name des Janus Isimu sei und der römisch-etruskische Janus mit dem doppelgesichtigen Gott Mesopotamiens und Anatoliens nichts zu tun habe [1] (vgl. Z. V. Togan, *Proceedings of the twenty second Congress of Orientalists* 1953 S. 147). Das grosse Verdienst Kınals, die Darstellungen des sumerischen Isimu, des akkadischen *UŞMU* und des hethitischen *Izzummi* verglichen und sie denen des römischen Janus gegenübergestellt zu haben, bleibt ungemindert, wenn ich die Siegelabrollungen Abb. 14 und 15, zwei Stützen für den anatolisch-hethitischen Janus, als gefälscht bezeichnen

---

[1] Merkwürdigerweise ist Kınal nicht aufgefallen, dass „Janus" auch auf drei Siegeln der Induskultur vorkommt. Nackt, nur mit Schmuck behängt, sitzt er auf einem Schemel oder auf dem Erdboden. Seinen meist dreigesichtigen Kopf bedeckt ein Hörnerhut, dem Blumenbüschel oder Zweige entspriessen. Es handelt sich offensichtlich um einen Fruchtbarkeits- und Vegetationsgott. Als Paśupati „Herr der Tiere" wird er wie der aus ihm hervorgegangene, bis zu fünfköpfige Gott Šiva von allerlei Tieren umgeben. Die Parallelen zum mesopotamischen „Janus" können m.E. nicht auf Zufall beruhen. Vgl. E. M a c k a y, *Die Induskultur,* 1938, S. 56 f. u. Abb. 32; W. K i r f e l, *Der Hinduismus,* 1934, Abb. 45-47; W. K i r f e l, *Die dreiköpfige Gottheit,* 1948; W. R u b e n in OLZ 1953 Sp. 75 ff.; L. J. K r u š i n a - Č e r n ý, *Československá Ethnografie* III 1955 S. 46-71 mit 14 Abb. — Eine Bronzefigur aus Išḫali, darstellend einen viergesichtigen Gott, der seinen linken Fuss auf einen Widder setzt, ist bei H. F r a n k f o r t, *The art and architecture of the ancient Orient* (1954 Taf. 66) abgebildet und vom Verfasser an den Anfang des 2. Jahrtausends gesetzt (Text S. 60). — Aus dem Lande der Kelten, dem Gebiete der Belgen und Remer, sind etwa 30 Darstellungen eines dreiköpfigen Gottes bekannt, der mit Mars oder Mercur gleichgesetzt wird, daher nicht von Janus abgeleitet werden kann (vgl. J. M o r e a u, *Die Welt der Kelten* 1958 S. 106 u. Taf. 74-75).

muss. Bei Abb. 14 handelt es sich um den auch von Bossert-Naumann abge-
bildeten (Altsyrien 1951 Abb. 856), aber im Text (S. 60) ausdrücklich als
Fälschung bezeichneten Siegelzylinder VA 4882 des Berliner Museums, der,
wie D. Opitz längst nachwies, um 1890-1900 angefertigt wurde (vgl. Arch. f.
Orientforsch. VII 1931-32 S. 113 ff.). Überraschenderweise vergass Opitz, auf
eine zweite, damit in Zusammenhang stehende Fälschung aufmerksam zu
machen, die Kınal in Abb. 15 wiedergibt. Wie das Berliner Siegel ist auch
das Siegel der ehemaligen Sammlung Tyskiewicz, jetzt im Museum of Fine
Arts in Boston, von vielen Gelehrten als echt herangezogen worden (vgl.
L. Messerschmidt, *Corpus Inscr. Hettitic.* I 1900 S. 45 f. u. Taf. XLIV 1-3).
Beide Siegel sind nach Abbildungen eines echten, jetzt im Louvre unter A 927
aufbewahrten Rollsiegels aus Aydın(?), veröffentlicht im Jahre 1887, gefälscht
(vgl. Perrot-Chipiez, *Histoire de l'art dans l'Antiquité* IV S. 771 Abb. 381-382,
später von L. Heuzey, *Origines orientales de l'art,* 1915 S. 141 und L. Delaporte, *Catalogue des cylindres orientaux du Musée du Louvre* II 1924 S. 195
in neuer Zeichnung vorgelegt; siehe unsere Abb. 1 a-b). Während der Fälscher des Berliner Siegels einige Figuren des Aydın-Siegels wegliess und vieles
missverstand, hat der Fälscher des Bostoner Siegels nur die Hauptfiguren
ungefähr übernommen, bei den Zutaten aber meist seiner Phantasie freien Lauf
gelassen. Es wird nachgerade höchste Zeit, dass das Berliner und Bostoner
Siegel aus wissenschaftlichen Untersuchungen herausgehalten werden!
Wie der hethitische Gottesname *Izzummi* über akkad. *UṢMU* auf sumer.
Isimu zurück geht (vgl. K. Tallqvist, *Akkad. Götterepitheta* 1938 S. 330 sowie
die Literatur bei E. Laroche, Revue Hittite et Asianique VII 1946-47 S. 52),
so ist die Darstellung des zweigesichtigen Gottes auf dem Aydın-Siegel und
einem Petschaft aus Boğazköy (E. Meyer, *Reich u. Kultur der Chetiter* 1914
Taf. IV; vgl. unsere Abb. 2 und Kınal Abb. 17) über Siegelabrollungen auf
Kültepe-Tafeln (Kınal Abb. 10-12; da dort schlecht reproduziert, gebe ich als
Ersatz Abb. 3 aus Hrozný, *Inscr. cunéiformes du Kultépé* I 1952 Taf. LVIII
22 a Sceau B, weitere *UṢMU*-Darstellungen auf Taf. LXI 26 a Sceau C, 27 a
Sceau A) von Siegeln der Dynastie von Akkad herzuleiten (Kınal Abb. 1-7).
Frau Nimet Özgüç hat neuerdings eine Reihe von Kültepe-Siegeln abgebildet,
auf denen *UṢMU* erscheint (*Ausgrabungen in Kültepe,* 1953 Taf. LXII-LXIV
Abb. 691, 694, 703, 722). Am wichtigsten ist die Darstellung auf Abb. 722
(vgl. a.a.O. S. 241), da es sich um ein gewiss in Anatolien angefertigtes Siegel
handelt. Auf den Gott auf dem Stier, den Gott auf dem Löwen und den Gott
auf der Antilope (mit Adler und Hase, also der sonst auf dem Hirsch stehende
Schutzgott der Flur) folgt als vierter der auf einem Schwein stehende Janus
mit Dolch in der Rechten und Keule in der Linken. Auf einem anderen, ebenfalls einheimischen Kültepesiegel folgt dem Gott auf dem Pferde der zweigesichtige *UṢMU,* dessen Händen Wasser entquillt (vgl. Belleten XVII 1953

S. 124 u. Abb. 34). So überrascht es nicht mehr, dass Izumu, also die K-H Form des Gottesnamens, bereits in den Kültepe-Tafeln als Personennamen auftaucht (Stephens, *Personal Names* 1928 S. 51), der dem Alalaḫ-Namen aus dem 18. Jahrh. Uzzammi vielleicht entspricht (vgl. D. J. Wiseman, *The Alalakh Tablets* 1953 S. 151).

Schien bisjetzt die Janus-Tradition nach der Grossreichszeit in Anatolien und Syrien (Kınal Abb. 8-9) abzureissen [2]), um erst wieder in römischer Zeit zu Parallel- oder Nachfolgeerscheinungen zu führen (Kınal Abb. 18 u. 19), so lehrt der über einer kürzlich veröffentlichten Inschrift des Barrakab von Sam'al neben anderen, bereits bekannten Göttersymbolen angebrachte Januskopf mit Hörnerhelm, dass dem nicht so ist (vgl. H. Donner, Mitteil. d. Inst. f. Orientforsch. II 1955 S. 74 Abb. 1 u. 2 sowie unsere Abb. 4). Ich möchte das Symbol der neuen Barrakab-Inschrift als eine Fortsetzung der hethitischen Tradition betrachten und nicht mit Donner auf den phönizischen Gott El beziehen (a.a.O. S. 80 ff.). Donner kannte nur das Louvre-Siegel (Abb. 1a-b), die Arbeit Kınals und das Boğazköy-Siegel Abb. 2 waren ihm entgangen (vgl. S. 80 Anm. 33). Ausserdem darf nicht übersehen werden, dass die Münzen Kleinasiens eine noch wenig ausgeschöpfte Fundgrube für einheimische Kultrelikte bilden und oft die einzige Möglichkeit bieten, die „hethitische" ikonographische Tradition vom 6. Jahrhundert v.d.Z. bis zu ihrer Auflösung in der spätrömischen Periode zu verfolgen. Ein doppelgesichtiger Kopf findet sich seit der Mitte des 6. Jahrhunderts auf Münzen vom Lampsakos (Mysien), Kyzikos (Pontos-Gebiet) und Tarsus (Kilikien), sowie auf der Mysien vorgelagerten Insel Tenedos. In Lampsakos handelt es sich um einen unbärtigen Januskopf, der seiner Ohrringe wegen in den Münzwerken als „weiblich" angesprochen wird (vgl. W. Wroth, *Catalogue of the greek coins of Mysia,* Brit. Mus., 1892 Taf. XVIII 9-12; Collection S. Pozzi, Monnaies grecques antiques 1920 Taf. LXVII Nr. 2227 ff.). Das gleiche gilt für eine Münze aus Tarsus, die einen unbärtigen Janus mit reichem Ohrgehänge zeigt (Collection Pozzi Taf. LXXXII Nr. 2844). Auf den Münzen von Tenedos dagegen ist der Janus sicher männlich, die eine Hälfte bärtig, die andere unbärtig dargestellt. Die Doppelaxt auf den Rückseiten der Tenedos-Münzen unterstreicht den „anatolischen" Charakter des Janus-Symboles (vgl. W. Wroth, *Catalogue of the Greek coins of Troas, Aeolis and Lesbos,* Brit. Mus., 1894 Taf. XVII 1-13, Collection Pozzi Taf. LXIX Nr. 2283 ff.). Auf einer Kyzikos-Münze wird das linke Janusgesicht unbärtig, das rechte in Anlehnung an Mischwesen wie

---

[2]) Die Beispiele aus Cypern hat Kınal nicht berücksichtigt. Über sie berichtete zuletzt H. S e y r i g (Syria XXXII 1955 S. 29 ff. u. Taf. III Abb. 2 u. 4; Janus geflügelt oder ungeflügelt, als Herr der Tiere) und verzeichnete S. 33 Anm. 3-9 die ältere Literatur. Besonders wichtig ist darunter der Aufsatz von E. P o r a d a, American Journal of Archaeol. LII 1948 S. 184 f.

Satyrn und Silene bärtig mit Stumpfnase und Pferdeohren gezeigt (vgl. H. v. Fritze u. H. Gaebler, Nomisma VII 1912, *Die Elektronprägungen von Kyzikos*, Taf. II 31).

Als H. Prinz den damals im Berliner Museum befindlichen Siegelstock aus Boğazköy in dem Buche von E. Meyer (*Reich u. Kultur d. Chetiter* 1914 Taf. IV = unsere Abb. 2) besprach (S. 144 ff.), versuchte er, die Darstellungen auf den acht Siegelseitenflächen zu deuten. Er erkannte, dass vier Gottheiten von vier stehenden Personen verehrt werden, von denen nur Nr. 8 ein „geflügelter Dämon mit dem Kopf eines Raubvogels" sei, während die Adoranten Nr. 2,5 und 6 menschliches Aussehen hätten. Ohne auf heute überholte Einzelheiten der Prinz'schen Interpretation einzugehen, sei darauf verwiesen, dass Prinz für die Darstellungen Nr. 1-7 babylonische Vorbilder verantwortlich machte, ohne den hethitischen Einschlag ganz zu leugnen, während er die ältesten Vogelmenschen nur aus hethitischen bezw. syro-hethitischen Monumenten und Siegeln kannte (a.a.O. S. 150 f.). Von den Hethitern sei der Dämon weiter zu den Assyrern gewandert. Nach den Untersuchungen von P. Amiet (Orientalia XXI 1952 S. 149 ff.) und E. Douglas Van Buren (Orientalia XXII 1953 S. 47 ff.) kann kein Zweifel mehr bestehen, dass auch der Vogelmensch in den ältesten Epochen mesopotamischer Kunst begegnet, allerdings am Ende des 3. Jahrtausends so gut wie ganz verschwindet. Wichtig scheint mir in unserem Zusammenhange, dass der Vogelmensch auf Siegeln der Akkad-Dynastie vergesellschaftet mit *UŞMU* und Ea auftritt (vgl. Amiet a.a.O. S. 167 Abb. 17 u. 18), *UŞMU* war ja der Vezier (*SUKKALLU*) des Ea. Dabei darf nicht übersehen werden, dass der mesopotamische Vogelmensch nicht nur mit menschlichem Körper, Vogelkopf und Flügeln, sondern auch mit menschlichem Kopf und Oberkörper gebildet wird, an den ein Vogelleib mit Vogelfüssen ansetzt. Vermutlich wird auch der Vogelmensch über Kültepe zu den Hethitern gekommen sein. Ein Vogeldämon schien mir auf einem der kappadokischen Siegel dargestellt (vgl. E. Porada, *The Collection of the Pierpont Morgan Library* 1948 Taf. CXXXII Abb. 879 E).

Welche Gottheiten sind auf dem Boğazköy-Petschaft dargestellt? Um sich darüber klar zu werden, muss zunächst die Szenenfolge ausgemacht werden, denn die Hauptgottheiten werden, wie überall, am Anfang, die „kleineren" Gottheiten am Schluss gestanden haben. Deutlich ist der Einschnitt zwischen den Gottheiten Nr. 3 und 4, die gewissermassen Rücken an Rücken stehen. Da Nr. 4 *Izzummi* als „Vezier" oder „Priester" des É.A. gewiss ein Gott von geringerer Bedeutung war, der keinesfalls eine Götterreihe eröffnen konnte, beginnt die Szenenfolge mit der Gottheit Nr. 3 und ihrem Verehrer Nr. 2. Es schliessen sich die Szenen Nr. 8-1 und Nr. 6-7 an; mit Nr. 4-5 sind die Siegeldarstellungen beendet.

Der König, als solcher kenntlich an der Rundkappe und den zwei Hasen-

schlägern (Lituus), die er in Händen hält, trägt ein langes, jedoch fussfreies
Gewand. Anbetend wendet er sich dem Sonnengotte zu, dem unter dem Hörnerhelm ein langer Zopf hervorquillt. Während der König vollbärtig erscheint,
sofern der Zeichner gut beobachtete, ist der Sonnengott unbärtig. In der rechten
Hand hält er sein Symbol, die achtstrahlige Sonne. Bemerkenswert ist, dass die
Tracht des Sonnengottes von der des Königs erheblich abweicht, was im Neuen
Reiche nicht mehr der Fall ist. Es fehlt der Lituus, es fehlt die Rundkappe,
dafür hat er einen Zopf, der dem kurzgeschorenen König abgeht (zu allen
diesen Fragen vgl. man meinen Aufsatz *Meine Sonne* Orientalia XXVI 1957
S. 97 ff.). Dass das Petschaft Züge gewahren lässt, die seine Datierung ins AR
nahelegen, entnehmen wir auch der Tatsache, dass im Gegensatz zum NR alle
männlichen Götter (mit begreiflicher Ausnahme von Nr. 4) sitzend dargestellt
sind. Zum Vergleich sei die Sitzfigur eines bärtigen Gottes aus Boğazköy
herangezogen, die dem AR angehört (Bossert, *Altanatolien* Abb. 348). Selbst-
verständlich haben sich in den Tempeln Sitzfiguren aus dem AR erhalten und
konnten in Texten des NR als vorhanden erwähnt werden. Überprüft man die
von C.G. v. Brandenstein zusammengestellte Liste (*Heth. Götter* 1943 Taf. I),
so sind von 21 männlichen Götterbildern nur drei als ,,sitzend'', alle übrigen
als ,,stehend'' bezeichnet. Diese drei Sitzbilder werden also alter Tempelbesitz
sein. Alle 14 Statuen von Göttinnen dagegen, die v. Brandenstein auf Taf. II
anführt, sind ,,sitzend'' gebildet. Wer einwenden wollte, dass sich auf dem
Yazılıkaya-Relief Nr. 65-66 zwei Gottheiten gegenüber sitzen, von denen die
rechte zwar eine Göttin, die linke aber ein Gott sein muss, übersieht, dass es
sich hier um ein sogenanntes Totenmahl eines vergöttlichten Königspaares handelt, bei dem die Beteiligten, wie es das Thema verlangt, vor einem Tische oder
Altar sitzen.[3]) Totenmahlreliefs sind keineswegs für die Spätzeit charakteris-
tisch, sondern in der Grossreichszeit auch in Yağrı anzutreffen. (Bossert, *Altanatolien* Abb. 571). Leider sind die Namensbeischriften auf dem Relief von
Yağrı, wenn sie vorhanden waren, unleserlich geworden. Auch die Beischriften
zu dem Relief Nr. 65-66 in Yazılıkaya sind schlecht erhalten, lassen sich jedoch,
da die Namen der Könige und ihrer Gattinnen bekannt sind, zu DTe-li-pi-nu
und DIs-ta-pa+ri-[a?] ergänzen.[4]) Bei der Frau des Telipinu, K-H *Ištapa-*

---

[3]) Wie wir jetzt aus den heth. Totenritualen wissen, werden Verstorbene des Königshauses
auch bei der Totenfeier sitzend dargestellt (vgl. H. Otten, *Heth. Totenrituale* 1958 S. 24 u. 50).
Das Sitzbild wurde wohl deshalb gewählt, weil für die Abgeschiedenen eine Mahlzeit veran-
staltet wurde, bei der der Tote wie zu Lebzeiten sass.

[4]) Auf meinem Abklatsch ist vom Telipinu-Namen Folgendes zu sehen: das Gottesideogramm,
darunter das Fusszeichen ,,ta/te/ti'' Meriggi Nr. 82, darunter das li-Zeichen Meriggi Nr. 284,
dahinter, schlecht erhalten, das Gefässzeichen Meriggi Nr. 328 ,,pa/pe/pi'', in der dritten Reihe
Meriggi Nr. 179 ,,nu''. Vom Namen der Gemahlin sind erkennbar: das Gottesideogramm,

*rija* geschrieben, wird das Gottesdeterminativ gesetzt, weil auch die Königin,
wie wir aus den Totenritualen wissen, nach dem Tode zur „Göttin" wurde
(vgl. H. Otten, Heth. Totenrituale 1958 S. 19 u. 119). Opfer für Telipinu und
seine Gattin verzeichnet KUB XI 11,3-4 (vgl. die Rekonstruktion bei Otten,
MDOG 83 1951 S. 64).

Für das hohe Alter unseres Siegels spricht ferner die Tatsache, dass die Gottheiten nicht mit Gottesdeterminativ und Namensideogramm, sondern mit ihren
Symbolen bezeichnet werden, von denen sich allerdings manche — keineswegs
alle — zu Ideogrammen entwickelten. Diese Gepflogenheit hat sich bis in's
NR erhalten. Nicht nur auf einem Relief aus Yeniköy, wo der Hirschgott, der
Schutzgott der Flur, durch den Jagdhabicht bezeichnet wird, sondern auch in
*einem* Falle in Yazılıkaya, wo einer der Hauptgötter (Nr. 40) nur die Ähre,
ohne Gottesideogramm (!), in der Hand hält. Es ist der Getreidegott „NISABA",
wie Laroche richtig gesehen hat (vgl. die neueste Übersicht der Yazılıkaya-
Namen in MDOG 86, 1953, S. 69 f.). Die K-Hethiter nannten die Gottheit
*Ḫalki*, sie war jedoch wie NISABA eine Göttin. Über den H-H Namen des
Getreidegottes habe ich zuletzt in der Kretschmer-Gedenkschrift (1956, S. 45
zu Karatepe Wort 308) gehandelt. Der sitzende Gott Nr. 1 mit Hörnerhelm
und Vollbart, in ein langes Gewand gehüllt, führt mit der Linken eine flache
Schale zum Munde, seine Rechte umschliesst ein zweigartiges Symbol, das wir,
besser dargestellt, in Yazılıkaya in der Hand des Gottes Nr. 40 gewahrten.
Auf Grund dieses auf dem Siegel vereinfachten Symbols halten wir Nr. 1
ebenfalls für den Getreidegott, vor dem der geflügelte Adlermensch Nr. 8
steht. Sein rechter Arm ist erhoben, sein linker Arm wohl gesenkt. Der Leib-
rock reicht ihm kaum über die Kniee. Die Flügel setzen im Rücken an und
hängen schräg nach unten. Der König hat sich, wie wir im weiteren Verlauf
unserer Untersuchung noch deutlicher sehen werden, zu jedem Kultakt ein
besonderes Kostüm, zu der auch die Haar- und Barttracht passen musste, aus-
gewählt. Vor dem Getreidegott hat er sich eine Adlermaske [5]) übergestülpt
und an seinem Rücken Flügel befestigen lassen. Leider ist gerade diese Siegel-

---

darunter das Fusszeichen „ta/te/ti" (Meriggi Nr. 82), über dem Fusszeichen ein schräger Strich.
Darunter das Gefässzeichen Meriggi Nr. 328 „pa/pe/pi", an den der r-Dorn angehängt ist.
Darunter das Zeichen Güterbock Nr. 76, hier wie in Karatepe (Hu 107 u. Ho 136) phonetisch
„i" zu lesen. Nicht ausgeschlossen ist unter diesem „i"-Zeichen ein „a" (Güterbock Nr. 64).
Man vgl. meine Zeichnung Abb. 5 mit der der Yazılıkayapublikation von Bittel-Naumann-
Otto (1941 Taf. 35 Nr. 65-66). — Der schräge Strich hat sich in der Spätzeit zum Personen-
determinativ entwickelt. Seinen Silbenwert „is" ergibt auch die hier nicht zu behandelnde
Lesung des Namens der Göttin Nr. 46 a in Yazılıkaya: Is-da+r.

[5]) Ich spreche von Adlermasken und Adlermenschen, sofern der Raubvogelkopf ohne jede
unnatürliche Verzierung erscheint. Hat dieser dagegen Locken oder einen schopfartigen Aufsatz, spreche ich von Greifenmasken und Greifenmenschen.

szene etwas zerstört, sodass uns der Adorationsgestus entgeht.

Hinter dem Getreidegott Nr. 40 steht in Yazılıkaya der Wassergott A, dessen Namen in den K-H Texten É.A oder A.A. geschrieben wird. Da auf dem Siegel *Izzummi* (Nr. 4) auf den Gott Nr. 7 folgt, *Izzummi* aber der Vezier des É.A ist, kann in dem durch keine Symbole ausgezeichneten, sitzenden, bartlosen Gott mit langem Zopfe und Spitzmütze, dessen beide Hände den Adoranten bewillkommnend zu grüssen scheinen, nur der hethitische Poseidon gesehen werden. Auch der adorierende König ist diesmal unbärtig. Hinter der Spitzmütze kommt ein kurzes Zöpfchen(?) hervor. Der König trägt denselben langen Rock wie der Wassergott, zu dem er die Hände anbetend erhebt.

In der letzten Szene tritt dem stehenden Janus Nr. 4, dessen beide Hände je einen Stab zu Boden setzen und dessen langer Rock unterhalb des Gürtels mit drei applizierten, ornamentierten Querbändern verziert ist, der unbärtige König mit Spitzmütze, langem Zopf und langem Rock entgegen. Seine Rechte führt er zum Munde, die Linke erhebt eine flache Schale über den Kopf. Auf allen vier Szenen sind demnach nicht nur die Kleidungen und Haartrachten des Adoranten verschieden, sondern auch seine Gebetsgesten und Kulthandlungen weichen von einander ab. Dass der janusartige Gott steht, mag auf seine Zweigesichtigkeit zurückzuführen sein: nach allen Seiten Ausschau haltende Beobachter pflegen nicht zu sitzen. Daneben spielt gewiss eine Rolle, dass ein Göttertrabant in Gegenwart seines Herrn Nr. 7 wie der beiden anderen hohen Götter nicht sitzen darf. Auch auf unserem Kültepe-Siegel (Abb. 3) steht *USMU* vor einer sitzenden Gottheit. Noch heute setzen sich im Orient die erwachsenen Kinder erst, wenn sie von ihren Eltern dazu aufgefordert werden. Die Reihenfolge Sonnengott, Getreidegott, Wassergott und sein Vezier wäre nicht ungewöhnlich, sofern die bildliche und textliche Überlieferung auch sonst für den hethitischen Janus einträte. Das Gleiche gilt für den die Kleidung, Haar- und Barttracht wechselnden sowie sein Gesicht unter einer Adlermaske verhüllenden König als Adoranten. Obwohl wir hier hauptsächlich den „Mann mit der Adlermaske" zu untersuchen haben, sind die aufgezeigten Probleme für unser Thema wichtig genug und können nicht bei Seite gelassen werden. Nachdem die beiden erwähnten Siegelfälschungen als Janus-Belege ausfielen, bleiben für diesen hethitischen Gott immer noch das Louvre-Siegel (Abb. 1 a-b), die zwei syro-hethitischen Siegel (Kınal Abb. 8 u. 9), ein von Kınal nicht erwähntes Siegel im Britischen Museum (unsere Abb. 6) sowie die neue Barrakab-Inschrift (Abb. 4) übrig. Bevor wir diese Denkmäler würdigen, sei auf die Boğazköy-Texte eingegangen, die den *Izzummi* erwähnen. In dem churrischen Ritual KUB XXVII 1 II 20 wird der Gott *Izzummi* als „Priester" des Wassergottes A.A aufgeführt (DIz-zum-mi DA.A-u̯eₑLÚSANGU). A. Ungnad hatte darauf aufmerksam gemacht, dass nach CT XXIV 16,44 f. der Gott *USMU* der *SUKKALLU* (Vezier, Gesandter) des É.A ist (Arch. f. Orient-

forsch. V 1928-29 S. 185). Da in KUB XXVII 1 II 17-22 DSANGU mit
šu-uk-kal-li und LÚSANGU wechselt, dürfte der Unterschied zwischen einem
churr. šukkalli und einem DSANGU oder LÚSANGU nicht allzugross gewesen sein. In dem K-H Ritual KUB VII 31,3 lautet der Name ebenfalls
*Izzummi*, wird jedoch dekliniert. Ausschlaggebend für die Richtigkeit unserer
Interpretation von Abb. 2 ist jedoch das K-H Ritual KUB XX 59, in dem
DA.A oder DÉ.A, seine Gattin D*Damkina,* und D*Izzummi* an zahlreichen
Stellen erscheinen. In diesem churrisch beeinflussten Text fehlt nur der Sonnengott, um den Kreis des Petschaftes zu schliessen. Wenn Damkina auch
nicht auf Abb. 2. wiedergegeben ist, so taucht der Name dieser Göttin doch in
einem späten H-H Text aus Tell Taʿyīnāt auf (HHM LXXXVII 58, 2 Zeile 4:
DDa-m+u-ki-na-ḫă).

Zu dem Louvre-Siegel, das ich in zwei Ansichten wiedergebe, Abb. 1 a nach
dem Original (von Heuzey), Abb. 1 b nach der Abrollung (von Delaporte),
weil die beiden Zeichnungen in vielleicht nicht unwichtigen Kleinigkeiten von
einander abweichen, möchte ich bemerken, dass Heuzey das untere Flechtband
an der ausgebrochenen Stelle ergänzte und den darüberliegenden Bruch unge-
schickt zu einem „Berg" gestaltete, der auf dem Original nicht vorhanden ist.
Wer von den beiden Zeichnern besser beobachtete, kann nur an Hand des
Originals entschieden werden. Ich beschreibe die drei Szenen des Siegels nach
Abb. 1 b, dem Abdruck, der für den Künstler massgebend war. Vor einem
sitzenden Gott mit drei Hasenschlägern in der Linken, die Rechte zum Gruss
erhoben, steht ein Speise- oder Opfertisch, dessen Platte zwei aufgerichtete,
antithetische Löwen tragen, deren Füsse auf einem Podest ruhen. Auf dem
Tische liegen Speisen. Als „Chef des Protokolls" fungiert der doppelköpfige
Janus, der in der Rechten ein Gefäss, in der Linken einen kreuzartigen Gegen-
stand (Keule?) hält. Er führt offenbar die drei Adoranten bei dem sitzenden
Gotte ein, bedient aber diesen gleichzeitig mit Getränken. Zwei von den An-
betenden sind ungefähr wie der sitzende Gott gekleidet. Nur das Gewand des
Dritten ist zu einem Schurz verkürzt, der das linke Bein beim Schreiten ent-
blösst. Die beiden Vorderen tragen einen kurzen, der Hinterste einen langen
Zopf, wogegen der Gott selbst zopflos erscheint. Die Kopfbedeckungen des
Gottes wie der Adoranten kann man als „Rundkappen mit Knopfspitzen" oder
„Pickelhauben" bezeichnen, wie ich sie im 2. Jahrtausend in Cypern (Syria
XXXII 1955 Taf. III Abb. 2), aber vor allem bei einem der Seevölker, den
Scherden, kenne (Bossert, *Altkreta*[3] 1937 Abb. 551 u. 556). Man geht wohl
nicht fehl, in den drei Gestalten den König, den zum Nachfolger oder Mit-
regenten designierten Kronprinzen sowie einen jüngeren Prinzen, etwa den
Erstgeborenen des Kronprinzen, zu sehen. Hinter dem Gotte auf dem Sessel
sitzt eine weitere, wohl nur aus Raummangel kleiner gezeichnete Gottheit, deren
Füsse auf einem ziegenartigen Tiere ruhen. Ein Adler- und ein Greifenmensch,

beide geflügelt, flankieren diese Gottheit. Der Linke trägt einen Schurz, der Rechte dagegen einen langen Rock. Der Linke ist durch eine minoische „Greifen-Locke" gekennzeichnet. Dieser zweiten Szene schliesst sich eine dritte und letzte an, in der ein nackter Mann in einem von Fischen belebten Gewässer schwimmend gezeigt wird. Der vor ihm Stehende dürfte wohl der Wassergott sein, dessen Händen, wie oft, Wasserläufe, entsprudeln. Das Sonne + Mond-Symbol steht auch auf Siegeln über É.A. Ist dem so, so dürfte der sitzende Hauptgott, kenntlich am Lituus, der Sonnengott sein, dem diesmal *Izzummi* Dienste leistet. Die hinter ihm sitzende, von Adlermenschen verehrte Gottheit vermag ich noch nicht zu benennen. Man könnte an NISABA denken. Das Louvre-Siegel dürfte m.E. in Nordsyrien um 1500, spätestens im 15. Jahrhundert, unter hethitischem und minoischem Einfluss entstanden sein. Auf Einzelheiten einzugehen, muss ich mir versagen. Nur zur „Greifen-Locke" möchte ich bemerken, dass diese zuerst in der Aegaeis in der 1. spätminoischen Periode (etwa 1580-1450) begegnet und von dort sehr bald nach Aegypten, Syrien, Mitanni, Assyrien und Anatolien wanderte (vgl. G. Karo bei Ebert, *Reallex. d. Vorgesch.* IV 2 1926 S. 502 f.). Andere Gelehrte halten den Greifen und den Greifenmenschen für eine syrische Erfindung (vgl. H. Frankfort, *Notes on the Cretan griffin,* Annual of the Brit. School at Athens XXXVII 1936-37 S. 119 ff.). In der Tat lässt sich die Greifenlocke bereits in Kültepe auf einem Rollsiegel der Schicht I b nachweisen (Belleten XXII 1958 Abb. 9). Wie N. Özgüç mit Recht betont, müssen also gewisse syro-hethitische Siegel um Jahrhunderte älter sein, als früher angenommen wurde (a.a.O. S. 18). In die selbe Gegend und Zeit mögen die drei anderen syro-hethitischen Siegel gehören, von denen zuerst das Siegel im Britischen Museum Nr. 2551 besprochen sei (vgl. D. G. Hogarth, *Hittite Seals* 1920 S. 74 Abb. 77 a-d). Wir geben auf unserer Abb. 6 lediglich die beiden Bildseiten (bei Hogarth Abb. 77 a und c), da die beiden anderen Siegelseiten mit Flechtbändern ausgefüllt sind. Die von meiner Schülerin Frl. Engin Çalım nach den schlechten Hogarth-Abbildungen angefertigten Skizzen können nur eine ungefähre Vorstellung von den beiden Szenen vermitteln, in Einzelheiten sind sie unzuverlässig. Die Hauptszene Abb. 6 a bringt den Namen des Siegelinhabers „Einhenkelige Schale, darunter ṷa-Zeichen". Das Glück- oder Heil-Symbol (Spielstein als Dreieck) füllt den leeren Raum unter dem Namen. Zwei Greifenmenschen im Knielaufschema flankieren den Namen, zu dem sie ihre Hände im Gebet erheben. Am Hinterkopf des wohl mit einem Schurzgewand bekleideten Greifenmenschen ringeln sich „minoische" Locken. Die Namenskomposition ist offenbar von ähnlichen Siegeln wie Bossert, *Altanatolien* Abb. 224 beeinflusst, auf die ich in Orientalia (XXVI 1957 S. 109 f. Abb. 4) zu sprechen kam. Dass das Knielaufschema keineswegs auf die Spätzeit beschränkt ist, lehrt sowohl eine Ritzzeichnung (M. Riemschneider, *Die Welt d. Heth.*[2] 1955 Taf. 43 oben

= MDOG 84 1952 S. 30 Abb. 2) als unsere Abb. 7 und 8. Auf einem schon der sitzenden Gottheiten wegen spätestens um 1500 zu datierenden Siegel aus Yazılıkaya (Bittel-Nauman-Otto, *Yazılıkaya* 1941 S. 156 Abb. 64 = Güterbock, Siegel II 221) ist eine Gestalt im Knielauf hinter einem libierenden Manne gegeben (Abb. 7). Obwohl der Oberkörper des sich im Knielauf Bewegenden weggebrochen ist, darf er zu einem Adlermenschen ergänzt werden, denn das Dresdener Siegel bietet eine verwandte Szene (vgl. unsere Abb. 8). Auf das Knielaufschema kam bereits H. Otto in der Yazılıkaya-Publikation zu sprechen (a.a. O.S. 162 f.). Es findet sich bereits auf Kültepe-Siegeln (vgl. Özgüç, *Ausgrabungen in Kültepe,* 1953 Abb. 683,697,712), wovon das Siegel Abb. 712 sicher in Anatolien hergestellt ist. Auf Abb. 6 b adoriert ein Greifenmensch, gewiss der Siegelinhaber, mit erhobener Rechten den Janus. Mit der Linken giesst er die Spende zwischen die Symbole „Kultschleife" (Leben) und „Dreieck" (Glück, Heil) aus. Janus trägt ein langes Gewand, auf dem Kopfe einen Hörnerhelm. Die rechte Hand ist erhoben und leer, über ihr schwebt eine Mondsichel. Die erhobene Linke hält eine Keule. In dem unter dem linken Ellenbogen des Janus beginnenden und zur Erde herabreichenden Gegenstand ist nach anderen Siegeln wohl ein Baum zu erkennen.

Auf dem syro-hethitischen Siegel Kınal Abb. 8 (leidlich reproduziert, siehe Hogarth, *Hittite Seals* Taf. VI, 166) ist eine Reihe von drei Gottheiten (nackte Göttin stehend, *UŞMU* stehend mit Fisch, É.A. sitzend) zwischen zwei Flechtbändern zu sehen. Dahinter, durch ein Flechtband getrennt, in der oberen Reihe ein geflügelter Greif auf der Antilopenjagd, in der unteren Reihe zwei den Lebensbaum flankierende, ruhende Steinböcke. An Stelle des Greifenmenschen ist hier der Flügelgreif getreten, dem Locke und Kopfputz fehlen. Sein „fliegender" Galopp stellt jedoch den minoischen Einfluss sicher (Datierung: um 1500, nach H. Frankfort, *Cylinder Seals:* 1700-1500). Die Abb. 9 bei Kınal ist so deutlich, dass sie in unserer Abb. 9 nach der Zeichnung von W. H. Ward (*The seal cylinders of western Asia,* 1910 S. 280 Abb. 854) wiederholt sei. Ich bitte jedoch die Originalabrollung dieses Pariser Rollsiegels in dem Guide du Visiteur, Bibliothèque nationale, Les pierres gravées, 1930 Taf. III Nr. 425 (schlechter bei H. Frankfort, C.S. Taf. XLI h) zu vergleichen. Im oberen Streifen nähert sich dem sitzenden É.A, eingeführt durch den stehenden *UŞMU,* eine Prozession von sechs meist bärtigen Adoranten, nur der vorderste durch einen gesenkten Lituus ausgezeichnet, also der König. Im unteren Streifen, durch ein Flechtband getrennt, ein Adlermensch im Knielauf den Lebensbaum adorierend oder haltend, rechts des Baumes steht ein unbärtiger Adorant. Auf diesen folgen stehend: ein geflügelter Hundemann mit Hasen, ein geflügelter Löwenmann mit Schale(?) und Tasche(?), ein ungeflügelter Wolfs- oder Hundemann mit Hasen. Während der Löwenmann menschliche Hände und Beine aufweist, haben die Hundemänner zwar menschliche Oberkörper, aber doch wohl Hundefüsse. Trotzdem sind Masken-Männer dargestellt, was schon E. Porada vermutete. (The Journal of the American Schools of Oriental Research XXIV 1947 S. 121 Anm. 261.) Frankfort datiert dieses Siegel mit Recht zwischen 1700 und 1500. Das gleiche Problem tauchte bei der Beurteilung kretisch-mykenischer Siegelbilder auf: sind die tierköpfigen Wesen göttlicher Natur oder sind es Masken-Priester? (vgl. E. Herkenrath, *Mykenische Kultszenen*, American Journal of Archaeology XLI 1937 S. 411 ff.) „Il est possible qu'il y ait eu, en certains cas, des cérémonies conduites par des prêtres masqués, et la Grèce en avait gardé la tradition" (Ch. Picard, *Les religions préhelléniques* 1948 S. 122 u. Revue archéologique 1947 II S. 66 f.). Besonders wichtig scheint mir in diesem Zusammenhange ein Tridacna-Relief aus Phaistos, das vier Kreter mit Tierkopfmasken zeigt. Der Anführer ist ein „Wolfsmann", die Prozession beschliesst ein „Adlermann". Das kleine Kunstwerk stammt aus der 1. spätmin. Epoche (ca 1580-1450) und steht wohl unter anatolischem Einfluss. Besonders gut abgebildet bei Chr. Zervos, L'art de la Crète 1956 Abb. 518 (darnach unsere Abb. 10 gezeichnet). Es möge zur Unterstreichung des Gesagten genügen, auf zwei charakteristische Beispiele von Priestern in Tiermasken, das eine aus Assyrien, das andere aus Schweden, hinzuweisen. Auf einem Relief aus der Zeit Tiglathpilesar's III. ist fraglos ein Löwenmann, ein Priester im Löwenfell, dargestellt (vgl. H. Frankfort, The art and architecture of the ancient Orient 1954 Taf. 94 A). Einen nordgermanischen Priester in Wolfsmaske führt ein Stanzblech aus Torslunda vor (vgl. E. Graf Oxensterna, Die Nordgermanen 1957 S. 259 u. Taf. 73). Es kann kein Zufall sein, dass Adler- oder Greifenmenschen auf zahlreichen Monumenten vorkommen, die auch den Janus zeigen. Aus diesem Grunde war auf die Janus-Monumente einzugehen. Unter den Symbolen der neuen Barrakab-Inschrift findet sich zwar der zweigesichtige Kopf, ein Adler- oder Greifen-Symbol ist nicht vorhanden, auch schwerlich links des Bruches vorhanden gewesen (vgl. Abb. 4). Ohne die Symbole erneut zur Diskussion stellen zu wollen, bleibt die Tatsache bestehen, dass Janus noch gegen Ende des 8. Jahrhunderts unter einigen wenigen Hauptgottheiten erscheint, wie wir dies von der ersten Hälfte des 2. Jahrtausends gewöhnt sind. Obwohl die textliche und bildliche Überlieferung für uns Jahrhunderte lang aussetzt, war diese Überlieferung keineswegs abgebrochen.

## II. *Adler- oder Greifenmann*

Das uns nach Zentralanatolien zurückführende Dresdener Hämatit-Siegel (Abb. 8, nach L. Messerschmidt, *Corp. Inscr. Hett.* 1900 Taf. XLIII 4) wurde zuerst etwa 1889 in Kayseri gesehen und kam später in's Albertinum nach

Dresden. In Kayseri wurden in den achtziger Jahren nach diesem Siegel zwei
Fälschungen hergestellt, von denen eine noch heute als echt gilt: ein 1886 ver-
öffentlichtes Hämatit-Siegel im Brit. Museum (Hogarth, Hittite Seals S. 75
Abb. 78 = M XLIII 3). Ein 1898 veröffentliches Silber-Siegel mir unbekannter
Aufbewahrung (M XLIII 2) wurde schon von L. Messerschmidt als Fälschung
gebrandmerkt. Die unserer Abb. 8 zu Grunde liegende Zeichnung holt gewiss
nicht alles aus dem Original heraus, kann aber zur Zeit durch keine bessere
ersetzt werden. Zwei Kreisbänder umrahmen den in der Mitte stehenden, aber
noch nicht zu lesenden Namen des Siegelinhabers. Eine Reihung der Ideo-
gramme „Sonne", „Kultschleife" und „Spielstein" füllt das schmälere Kreis-
band. Durch eine Flügelsonnen-Standarte, die zwei Stiermenschen im Knielauf
flankieren und der ein von rechts kommender Mann in langem Gewande seine
Verehrung erweist, wird der äussere Ring in zwei Szenen zerlegt. In der Szene
links der Standarte giesst ein Adlermann eine Spende vor einem Altar aus,
hinter dem ein durch einen Vogel charakterisierter Gott thront. Dem Adlermann folgt ein Mann im Sonnengottgewande. Der Adlermann dürfte der
regierende König, der hinter ihm schreitende der Kronprinz sein. In der Szene
rechts der Standarte wiederholt sich der Vorwurf: vor einem sitzenden Gott,
dessen Symbol weggebrochen ist, steht ein Altar, auf den ein libierender
Adlermann, gefolgt von einem Manne in Schurztracht und Lanze, zuschreitet.
Die Schnabelkanne des rechten Adlermenschen gleicht solchen des Alten
Reiches und der Kültepezeit.[6] Die zwischen beiden Szenen angebrachte H-H
Inschrift macht einen sehr altertümlichen Eindruck und ist noch nicht deutbar.
Da das Siegel unbedingt aus der 1. Hälfte des 2. Jahrtausends stammen muss,
haben wir auf dem Dresdener Siegel die älteste bisjetzt bekannte längere H-H
Inschrift vorliegen.[7] In der gleichen Art müssen wir uns die noch nicht aufge-
fundene Originalfassung der Torinschrift des Anitta von Kussara vorstellen, die
m.E. in Hieroglyphen geschrieben war (zur Inschrift vgl. H. Otten, MDOG 83
1951 S. 40 ff.). Wenn es in Zeile 9 von KBo III 22 heisst, Anitta habe sich die
Bewohner der von ihm eroberten Stadt Nēsa zu „Müttern und Vätern" gemacht, so ist dies eine dem H-Hethitischen wie den luwischen Sprachen eigene
steigende Gradation, die der Übersetzer beibehielt, obwohl das K-Hethitische
fallende Gradationen bevorzugte (vgl. BO XII 1955 S. 51 ff.; zur Sequenz
„Mutter-Vater" vgl. Karatepe Wort 15-16). Wer behauptet, dass die Anitta-
Torinschrift in altassyrischer Sprache und Schrift der kappadokischen Tafeln
abgefasst sei (vgl. A. Kammenhuber, Saeculum IX 1958 S. 150 u. Anm. 79),

---

[6] Dass dieser Kannen-Typus noch im 14. und 13. Jahrhundert weiterlebt, ist mir bekannt
(vgl. auch K. B i t t e l in der *Festschrift für Carl Weickert*, 1955, S. 30 f.).

[7] Noch ältere H-H Inschriften, die bis in das 3. Jahrtausend v. Chr. zurückreichen, machte
ich in der *Festschrift für Joh. Friedrich* bekannt (1959 S. 61-90).

hätte nachzuweisen, dass die Assyrer damals in ihrer Sprache die steigende Sequenz „Mutter-Vater" kannten. Nach wie vor halte ich den K-H Anitta-Text für eine Übersetzung der verlorenen H-H Torinschrift. Es gibt und gab auf „hethitischen" Gebiet keine keilschriftlichen Monumentalinschriften. Alle Steininschriften sind seit dem 2. Jahrtausend bis zum Erlöschen des H-H Schrifttums in 7. Jahrhundert nur in hethitischen Hieroglyphen geschrieben worden.

Es ist wohl nur ein Zufall, dass wir in der Monumentalplastik der Grossreichs-zeit zwar Löwenmenschen in Yazılıkaya (Nr. 67-68; Bossert, Altanatolien Abb. 542) und Stiermenschen in Iflatun Pınar (Altanatolien Abb. 527), aber keine Adlerdämonen dargestellt finden. Nur der Doppeladler, der mit dem Adler-mischwesen irgendwie zusammenhängt, da auch er gelegentlich doppelköpfig erscheint, fand in Alaca Höyük (Altanatolien Abb. 498) und Yazılıkaya (Alt-anatolien Abb. 535) als Träger von Göttinnen seine grossplastische Prägung. Dagegen ist der Adlermensch in der späthethitischen und spätassyrischen Bild-hauerkunst des 1. Jahrtausends ein häufiges und beliebtes Motiv. Auch in der Wandmalerei und der Glyptik gehören die Greifendämone zu den bevorzugten Vorwürfen. Es liegt in der Art dieser Bildthemata begründet, dass nie mit Sicherheit gesagt werden kann, ob Menschen in Masken oder Dämone mit menschlichen und tierischen Körperteilen gemeint sind. Denn in der Kunst des 1. Jahrtausends fehlen Adorationsszenen, in denen Menschen mit Greifen-masken auftreten. Wenn auf den Statuensockeln der im Knielauf gezeigte Löwen- oder Stierhalter bald ein Greifenmensch (z.B. Altanatolien Abb. 830), bald ein bärtiger Mann ist (z.B. Altanatolien Abb. 901), so darf aus dieser Beobachtung nicht mit Sicherheit der Schluss gezogen werden, dass alle diese Tierhalter als Menschen gedacht waren. Ich halte es allerdings für wahr-scheinlich, dass sich die Statuenstifter in Kulttracht, zu der die Maske wie der Bart gehört, als Tierhalter der Gottheit abbilden liessen. Ob dies auch auf die mit dem Lebensbaum oder der Flügelsonne verbundenen, meist paarweise auf-tretenden Greifen-, Stier-, Löwen- oder gewöhnlichen Menschen (z.B. Bossert, Die Ausgrabungen auf d. Karatepe 1950 Taf. XXXI Abb. 150) zutrifft, bedürfte einer gesonderten Untersuchung. Wenn auf dem Berliner Siegel VA 2707 (Weber, Altorient. Siegelbilder 483 = Frankfort CS XLII e) zwei Männer die Flügelsonnenstandarte flankieren und der eine den nackten Adlermenschen an der Hand hält, so lässt das Bildthema zwar zwei Deutungen zu, mir scheint jedoch die sinnvollste die, dass alle Personen Menschen waren, von denen einer in Maske agierte. Hier wird man am ehesten an den Einfluss von Kult-prozessionen denken dürfen, bei denen solche Szenen aufgeführt wurden. Das geistliche Spiel des Mittelalters hatte eine lange, noch zu schreibende Vorge-schichte! Ich kann mich auch des Eindrucks nicht erwehren, dass es sich bei den in Zincirli und anderwärts als Hasenjäger auftretenden Löwendämonen (z.B. Altanatolien Abb. 941 u. 947) nur um „Löwen-Männner" im Sinne der K-H Texte handelt. Da in den K-H Ritualtexten wie in den Reliefzyklen Himmlisches und Irdisches unbekümmert um die Wirklichkeit ineinander-greift, konnte nur das Kultspiel eine Ratio in die Zusammenhänge bringen, die sonst der Logik entbehrten.

Es würde den Umfang dieses Heftes bei weitem überschreiten, wenn wir alle Vogelmenschen in Anatolien[8]), Syrien, Mitanni und Assyrien behandeln wollten. Worauf es mir hier ankommt, ist, Darstellungen von Hethitern mit Adler- oder Greifenmasken glaubhaft nachzuweisen. Wir betrachten als wesentlichstes Stück ein Siegel aus Tarsus, abgebildet bei Hogarth, *Hittite Seals* Taf. VII 196 a-e. Frl. Engin Çalım war so freundlich, die bei Messerschmidt reprodu-zierte Zeichnung (M XLIII 1 a-e) nach der Originalabbildung bei Hogarth so gut wie möglich zu verbessern. Ich hoffe, dass das, worauf es uns ankommt, richtig gezeichnet ist (vgl. Abb. 11 a-e). Auf der Hauptsiegelfläche a steht der Siegelinhaber im Schurzgewande und mit einer Kappe auf dem Kopfe, seinen zweiteiligen Namen in der linken Hand haltend, vor einer sitzenden Göttin, deren Attribute ich nicht zu erkennen vermag. Flechtbänder umrahmen die Szene. Auf der Seitenfläche b adoriert der Siegelinhaber in Adlermaske und langem Rock den vor einem Altar sitzenden Sonnengott, der sein Ideogramm in der Linken hält. Über dem Gotte schwebt die geflügelte Sonnenscheibe. Auf der Altarplatte ist ein Klapphalter (vgl. Abb. 7) aufgestellt, der den aus zwei Zeichen bestehenden Namen des Siegelinhabers stützen soll. Der Name wird flankiert von übereinandergesetzten Dreiecken und Kultschleifen. Auf c er-weist der Siegelinhaber, ungefähr gekleidet wie auf a, einem sitzenden Gott mit Bergziege seine Verehrung. Wir kennen den Gott von dem Siegel G.S. II 222 aus Boğazköy als den Gott DGÌR, der ein Vegetationsgott ist. Den leeren Raum zwischen beiden Figuren füllen ein Dreieck und eine Kultschleife. Was der Adorant in der rechten und linken Hand hält, lässt sich nicht bestimmen. Auf d ist der Adorant ausgefallen. Vor dem sitzenden Schutzgott der Flur mit Jagdhabicht und Hasen steht ein Altar, auf den zwei dünne Brote gelegt sind. Darüber die Kultschleife. Auf e ist der Siegelinhaber mit Spitzmütze, langem Zopf und dem das eine Bein freilassenden Kriegsgewande versehen. Auch seine zwei Lanzen lassen auf einen kriegerischen Gott schliessen. Dieser sit-zend, mit Hörnerhelm, kann nach seinen zwei Symbolen, dem auffliegenden

---

[8]) Nur auf ein Siegel aus Boğazköy möchte ich aufmerksam machen, das einen stehenden, geflügelten Adlermenschen mit erhobenen Armen zeigt. Zwischen seinen Füssen befindet sich ein Baum, zwei Greifen flankieren das Mischwesen (vgl. Bittel-Güterbock, *Boğazköy* 1935 Taf. 30 Nr. 6 a-b u. S. 45). Diese Siegeldarstellung ist von S. Alp in jeder Hinsicht miss-verstanden worden. Er vermutete, die Flügel seien H-H mi-Zeichen, der Baum die archaische Vorstufe eines ti-Zeichens, die Greifen aber seien Stierköpfe mit dem Ideogrammwert „Tarḫu"! (vgl. S. Alp, Zur Lesung von manchen Personennamen 1950 S. 12 f. u. Abb. 19).

Vogel über einem „Dreizack", nicht ohne weiteres identifiziert werden. Ist der „Dreizack" jedoch nur das den Namen des Gottes Nr. 41 in Yazılıkaya eröffnende Zeichen, das auf dem Siegel einen „Handgriff" erhielt, so wäre an den noch nicht bestimmten Gott aus Yazılıkaya, sicher seiner Stellung nach einen der Hauptgötter, zu denken.

Unter dem Stichwort „Mummenschanz" hat E. Unger auf die schon bei den Sumerern nachweisbare Sitte hingewiesen, im Kult künstliche Vollbärte sowie Perücken zu tragen (Ebert, *Reallex. der Vorgesch.* VIII 1927 S. 331). An der gleichen Stelle zeigt der Referent, dass die assyrischen Priester zur Abwehr von Dämonen sich Fischhaut- oder Löwenfellmasken über den Körper zogen (vgl. A. Jeremias, *Handbuch der Altorientalischen Geisteskultur* ² 1929 S. 163 Abb. 96 a) und dass auf einem Relief Assurnassirpals II. ein Tanz von zwei Männern in Löwenmasken, wohl zur Feier der siegreichen Heimkehr des Königs, aufgeführt wird. (Vgl. Ebert, a.a.O. Taf. 111 b und c). A. L. Oppenheim hat einige der akkad. Maskennamen nachgewiesen, darunter auch $P\bar{A}N$ $I\underline{S}\underline{S}\bar{U}RI$ „Vogel-Gesicht", fraglos die Adler- oder Greifenmaske (vgl. Journal of American Oriental Society LXIII 1943 S. 31 ff.). Dass hethitische Könige im Kult Bartperücken trugen, ging zuerst aus den Sulumal-Reliefs aus Malatya hervor. Dafür ein überzeugendes Beispiel. Auf dem Relief Bossert, Altanatolien Abb. 771 erscheint der König Sulumal links mit einem Vollbart, rechts rasiert. Noch fehlt es an einer zusammenfassenden Behandlung der „Maskierungen" im hethitischen Kult auf Grund der Texte. Zwar hat uns A. Goetze über die männliche und weibliche Tracht unterrichtet (*Corolla Linguistica* 1955 S. 48 ff.), H. Ehelolf hat über „Wettlauf und szenisches Spiel im hethitischen Ritual" geschrieben (Sitzungsber. d. preuss. Ak. d. Wiss. XXI 1925 S. 267 ff.), A. Moortgat hat auf Grund der bildlichen Überlieferung der Spätzeit (dazu kommen jetzt die Reliefs aus Karatepe!) über Musik und Tanz Beobachtungen beigesteuert, A. Goetze bot Textstellen, die das K-H Wort für „tanzen" enthielten (Language XV 1939 S. 116 ff.), aber für das, was uns hier interessiert, fehlen noch alle Vorarbeiten. Ich kann daher nur weniges anführen. Im Ritual des Zarpiia aus Kizzuuatna (KUB IX 31) lesen wir II 9 ff. Folgendes: „Nun bringen sie acht Knaben herbei, die noch nicht zur Frau gehen. Und sie ziehen einem Knaben das Fell eines Ziegenbockes an. Und dieser geht voran und ruft in der Art eines Wolfes".

Zwar ist der Wolf im Schafspelz eine bekannte Fabelfigur, aber ein als Ziegenbock verkleideter Knabe, der wie ein Wolf heult, etwas Neues. Da das Verb *ḫalzāi-* „rufen, (vor)lesen, nennen" nur für die menschliche Stimme gebraucht wird, erwartete man bei der Übersetzung „wie ein Wolf" eher ein Verb für „heulen" oder „bellen". Allerdings wird auch *u̯ikāi-*/*u̯iu̯a-* „schreien, ein Klageritual veranstalten" für das „Grunzen" der Schweine verwendet (Ehelolf bei Goetze, Madduwattaš 1928 S. 145). Bei einer vom Königspaar vorgenom-

menen Kulthandlung für die Gottheit Zitḫariịa wird musiziert, und die Hundeleute (LÚ.MEŠUR.ZÍR) bellen (KBo IV 13 VI 5-8). Auch sonst bellt man im
Kulte der protochattischen Gottheiten Zitḫariịa und Zaiú (KUB XX 90 IV
4-5, 14-16). Zwar unterliegt es keinem Zweifel, dass unter „Hundeleuten" an
manchen Stellen „Jäger" zu verstehen sind, im Kulte dürften die Hundeleute
wie die Wolfs-, Löwen- und Bärenleute (LÚUR.BAR.RA, LÚUR.MAḪ,
LUḫartagga-) als Tempelfunktionäre mit Tiermasken aufgetreten sein, wie sie
auf dem Siegel Abb. 9 dargestellt sind. In Zukunft wird man darauf zu achten
haben, ob es sich bei bildlichen Wiedergaben, die wie Mischwesen aussehen,
um solche oder um maskierte Tempelangehörige oder Adoranten handelt. Es
bedarf keiner Erwähnung, welche Bedeutung den Masken zu allen Zeiten und
bei allen Völkern zuzumessen ist. Ich verweise auf das Buch von R. Utzinger,
*Masken,* wo auf S. 24 eine Literaturübersicht gegeben ist und im Bildteil Masken aus aller Welt abgebildet werden.[9]) Darunter auch eine aufklappbare
hölzerne Zeremonialmaske „Adlerkopf" der Bilchula aus Nordwestamerika
(a.a.O. Abb. 32-33), die eine Vorstellung vermittelt, wie ausdrucksvoll eine
solche Adlermaske sein kann. Ein weiteres grossartiges Beispiel einer „Donner-
vogel"-Maske bietet L. Adam in seinem Buch *Nordwestamerikanische Indianer-
kunst* (Taf. 25). Da wir nicht die Hoffnung hegen dürfen, hethitische oder
assyrische Tempelmasken im Original zu finden, müssen wir uns mit Gefäss-
protomen in Tierform begnügen, die ähnlich ausgesehen haben (vgl. ein Grei-
fenprotom aus Kreta bei Bossert, *Altkreta*³ 1937 S. 284 Abb. 539, assyrische
Greifenprotome bei R. R. Hall, *La sculpture babyl. et assyr. au Brit. Mus.* 1928
Taf. LIX oben). Ein Adler-*BIBRU* aus Silber wird von Ehelolf aus einem
K-H Text angeführt (Zeitschr. f. Assyriol. NF XI S. 72). Ein Adlerprotom
als Schriftzeichen begegnet auf einem Siegel der 1. Hälfte des 2. Jahrtausends,
das in der Bibliothèque Nationale zu Paris aufbewahrt wird (M XLIV 4;
sehr gute Abb. im Guide du Visiteur, Bibliothèque Nationale, Les pierres
gravées 1930 Taf. IV Nr. 649).

Edith Porada nimmt an, dass sich die Greifenmänner auf den Nuzi-Siegeln
Greifenmasken aufsetzen, an denen die Flügel befestigt waren (Seal Impressions of Nuzi 1947 S. 120). Diese an vielen Siegeln geschulte Autorin hat als
erste beobachtet, dass auf den Nuzi-Siegeln neben Mischwesen auch „Masken-
Tänzer" gezeigt werden. Wenn ich hinsichtlich der hethitischen und syro-
hethitischen Siegel zum gleichen Ergebnis gelangte, so dürfte damit der von
Porada gewagte Deutungsversuch eine grosse Stütze erhalten und an Wahr-

---

[9]) Verwiesen sei auf den Aufsatz von Friedr. Behn über „Gesichtshelme" (*Festschrift für
Friedr. Zucker 1954,* S. 17 ff.). Behn vermutete, dass die Wiege des Maskenbrauchtums am
ehesten in Turkestan zu suchen sei (a.a.O. S. 23). Vgl. ferner W. Wrede, *Der Maskengott*
(Athen. Mitteil. LIII 1928 S. 66 ff).

scheinlichkeit erheblich gewonnen haben. Porada verweist besonders auf die
Siegel Nr. 93, 651, 791 und 792, von denen 93 und 651 in Zeichnung der
Autorin wiedergegeben seien. Auf dem Siegel 93 (Abb. 12) sehen wir deutlich,
dass sich der Opferherr ein Maskenkleid, Greifenkopf mit angearbeiteten Flügeln, angezogen hat, das nur Kopf, Oberkörper und Rücken bedeckt. Der
Greifenmann bringt das in einer Vase enthaltene Getränk zwei hinter einander
stehenden Göttern dar. Auf Nr. 651 (Abb. 13) ist unten rechts der Greifenmann in gleicher Maske zu gewahren. Von solchen Männern in Greifenmasken sind die Greifendämonen auf den Nuzi-Siegeln meist gut zu unterscheiden,
wofür Nr. 798 (Abb. 14) als Beispiel gezeigt sei. Abgesehen davon, dass der
Dämon mit Vogelfüssen ausgestattet ist, sind seine gesenkten Flügel organisch
mit dem Rücken verbunden. Neben der Locke besitzt dieses Mischwesen den
Kopfputz, doch kann dieser wie die Locke hin und wieder auch fehlen. Ferner
sind nicht alle Greifendämonen mit Raubvogelkrallen versehen, manche (z.B.
793, 800, 805) haben gewiss menschliche Füsse. Der Knielauf der Greifenmänner ist in Nuzi mehrfach bezeugt, im Knielauf wird z.B. der Lebensbaum
(803) oder die Sonnenstandarte (805) von Greifenmännern flankiert. Auch
die Flügelsonne kommt auf Nuzi-Siegeln in Verbindung mit Greifenmännern
vor. Ein Greifen- und ein Stiermensch flankieren auf Nr. 92 einen Lebensbaum,
über dem die Flügelsonne schwebt. Das aus Zincirli und Karkamis wohl bekannte Motiv des seine Hände zum Himmel streckenden Greifenmannes (Bossert, *Altanatolien* Abb. 847 u. 934) ist schon auf Nr. 793 ausgebildet. Die
Deutung der Geste als „Hochheben der Flügelsonne" war bereits A. Moortgat
geglückt (Die bildende Kunst d. alt. Orients u. die Bergvölker 1932 S. 40).
Die Ikonographie dieses Bildgedankens rundet ein Relief aus Karatepe ab, auf
dem ein vierflügliger Adlerdämon die geflügelte Sonnenscheibe über seinen
Kopf hält (Bossert usw., Die Ausgrab. auf. d. Karatepe 1950 Taf. XIV Abb.
71 links).In diesen Zusammenhang ist das in der hethitischen Kunst einzigartige
Siegel des Königs Initešup von Karkamis einzureihen (vgl. Ugaritica III 1956
S. 24 Abb. 32). Der namentlich bezeichnete König erhebt die Rechte adorierend, in der Linken hält er eine Keule. Der König steht auf den erhobenen
Händen eines sich im Knielauf bewegenden Adlermenschen. Die Deutung
dieser ungewöhnlichen Szene ermöglicht das eben Angeführte: wie Adlermenschen die geflügelte Sonnenscheibe emporheben, so trägt ein Adlerdämon auf dem Siegel den König, die „Sonne", wie er sich selbst nennt und
anreden lässt. Diese zum Titel erstarrte Anrede wird aber in der H-H Schrift
mit dem Zeichen „geflügelte Sonnenscheibe" geschrieben (vgl. Bossert, Orientalia XXVI 1957 S. 97 ff.).
Neben den Greifenmännern sind auf den Nuzi-Siegeln Stier- und Löwen-
dämone häufig anzutreffen, ohne dass der Nachweis zu führen wäre, dass es
sich auch hier z. T. um Maskierte handelt (vgl. 815-827, 828-835 a). W. An-

drae hat kürzlich mit Recht hervorgehoben, dass unter den im Alten Orient dargestellten Tieren und Tiermenschen es besonders dreie seien, die in grosser Zahl begegneten: der Löwe, der Stier und der Adler (Die Welt d. Orients 1956 S. 250). Andrae ist der Überzeugung — und ich mit ihm —, dass diese Tiere gewisse menschliche Seelenkräfte versinnbildlichten. Wir werden darauf zurückkommen. Dass auch der doppelgesichtige Gott auf den Nuzi-Siegeln nicht fehlt, sei im Vorbeigehen erwähnt (505 = Abb. 15). Das Merkwürdige ist, dass Janus hier (wie sonst gelegentlich der Vogelmensch; vgl. W. H. Ward, *The seal cylinders of Western Asia* 1910 S. 304 Abb. 951) wie die „Herrin der Tiere" zwei Steinböcke in den Händen hält. Links seines Kopfes ein Pferd, rechts seines Kopfes ein gehörntes, von einem Löwen (?) bedrohtes Tier, vervollständigen den Umkreis des Janus als Schützers der Tiere. Von den beiden Adoranten ist der erste im Knielauf, der zweite stehend eingeführt. Für unser Thema sind die Nuzi-Siegel besonders wichtig, weil sie in die 2. Hälfte des 15. Jahrhunderts datiert werden können. Ihre Bildthemata stammen zum Teil aus Anatolien und Syrien und werden in der Folge an Assyrien weitergegeben.

### III. *Der Name des Adler-Mannes*

Der (Flügel-)Greif kommt in Anatolien seit dem 19. Jahrh. (Kültepe I b) vor. Er findet sich im Siegelfeld den Namen flankierend (M XL 1), sonst hauptsächlich auf Siegelumrahmungen neben dem Doppeladler oder dem Löwen, oft den Lebensbaum flankierend. Güterbock hat sein Vorkommen besprochen (Siegel II S. 50) und wie Meriggi den Greifen unter die Schriftzeichen aufgenommen (Meriggi Nr. 87,2; Güterbock Nr. 31), obwohl der Greif nirgends als Schriftzeichen belegt ist. Das kann allerdings ein Zufall sein, denn die Flügelsphinx erscheint einmal in Karkamis als Schriftzeichen (in A 4 b 3). Die geflügelte Sausga steht auf dem aus Konya stammenden Ring des Prinzen GAL.UR.MAH auf einer Sphinx, die durch den Spitzhut mit Horn als männlich ausgewiesen wird. Während wir mit grösster Wahrscheinlichkeit für „Sphinx/Chimaira" das K-H Wort *auiti-* in Anspruch nehmen dürfen (Le Muséon LXVIII 1955 S. 76), war es bisher nicht möglich, den Namen des Greifen in einer der altanatolischen Sprachen festzustellen. Wie K-H LÚ*hartagga-*„Bärenmann" eigentlich „Bär" heisst, dürften auch die Adler-, Greifen-, Löwen-, Wolfsund Hundemänner im K-Hethitischen mit den entsprechenden Tiernamen gerufen worden sein. Anders in den luwischen Sprachen, wo man an den Tiernamen ein „ziti-" mit der Bedeutung „Mann" anhängte. Also LÚᴬMUŠEN-LÚ-i „Adler-Mann" (Laroche, Receuil Nr. 39; dazu Additions S. 103). Wir kennen wohl das Wort *hara(n)-* „Adler" im K-Hethitischen, nicht aber im Luwischen. In beiden Sprachen ist das Wort für „Greif" unbekannt. Immerhin ist zu hoffen, dass es sich mit Hilfe der Personennamen auf -ziti- und der griechischen auf -σητα finden lassen wird. Dazu kommen mehrere Hilfen. Wir erkennen auf einem syro-hethitischen Siegel der ehem. Sammlung Ward, dass der Greifenmensch eine Gottheit sein kann (vgl. Abb. 16 nach W. H. Ward, *The seal cylinders of Western Asia* 1910 S. 275 Abb. 832) und dürfen also die Hoffnung hegen, dem Namen des Greifengottes unter den Götternamen in den Boğazköy-Texten zu begegnen. Auf dem Ward-Siegel stehen zwei Adoranten in verschiedener Kleidung, der vordere die Rechte, der hintere beide Hände anbetend erhoben, vor dem geflügelten Greifengotte. Dieser ist geschmückt mit einer Halskette, sonst völlig nackt, wie auf einem Relief aus Zincirli (Moortgat, *Bergvölker* Taf. XIII), wo er ithyphallisch, also als Gott der Fortpflanzung und Fruchtbarkeit, gezeigt wird. Auf dem Siegel erhebt der Greifengott mit der Rechten eine Pflanze (Baum?), in der gesenkten Linken trägt er eine „Tasche". Hinter dem Greifengott steht die von zwei Stiermenschen flankierte Sonnenstandarte. Des weiteren hat unsere Untersuchung gezeigt, dass der Greifenmann, der schon um 1900 in Anatolien und Syrien auftauchte, den ihm vorausgehenden Adlermann ablöste und teilweise zum Verschwinden brachte. Es ist demnach immerhin möglich, dass der Name des Adlermenschen auf den Greifenmenschen übertragen wurde. Im H-Hethitischen gibt es ein Schriftzeichen „geflügelter Adlermensch", stehend oder im Knielauf gezeigt (Meriggi Nr. 86). Wie aus Abb. 17 hervorgeht, kommen beide Zeichenformen in Texten gleicher Zeit nebeneinander vor. Während die späte Hieroglyphe ein mit einem Schurz bekleidetes Wesen mit menschlichem Unterkörper bietet, auf dem, wenig organisch (Einfluss der Maske!), ein Adlerkopf mit nach vorne gestreckten Flügeln sitzt, ist das selbe Schriftzeichen in der Grossreichszeit als „nackter Adlermann im Knielauf" gebildet. Mit Ausnahme des Raubvogelkopfes hat dieser Adlermann einen menschlichen Körper mit ebensolchen Gliedmassen. Das auf dem Boğazköy-Siegel GS II 220 anzutreffende Schriftzeichen (Abb. 17) ist von Güterbock nicht in seine Zeichenliste aufgenommen worden. Da das Zeichen „Adlermann" mit dem Zeichen ă (Meriggi Nr. 18) im selben Namen wechselt, kommt der gleiche Lautwert ă auch dem Adlermann-Zeichen zu. Das Adlermann-Zeichen ist in der Spätzeit ohne Ausnahme mit dem r-Strich versehen, während dem entsprechenden Grossreichszeichen der r-Strich fehlt. Da in der Grossreichszeit das Zeichen als Ideogramm „ăra" zu lesen war, bedurfte es des r-Striches nicht. Die gleiche Erscheinung habe ich z.B. bei dem Zweibein-Zeichen festgestellt (Jahrb. f. kleinasiat. Forsch. II 1953 S. 296 f. u. S. 294 Abb. 1). Es versteht sich von selbst, dass in dem Namen des Fürsten von Karkamis das Zeichen „Adlermensch" nur dann einen Sinn hatte, wenn der Name des Adlergottes in dem Namen des Fürsten enthalten war. Um den Vokal „ă" zu schreiben, brauchte man nicht den Adlermenschen zu bemühen! Der Name des in der 1. Hälfte des 8. Jahrhunderts lebenden Fürsten kann nach unserem heutigen Wissen auf zwei Arten transkribiert werden: A-ă+r-a+r-a-s oder A-ă+r-a+ⁿt-a-s, wobei der Dental ein „d" oder „t" sein kann. Zur Lesung „Arara-" ist der männliche Personenname Arara aus Alalaḫ (vgl. D. J. Wiseman, *The Alalakh Tablets* 1953 S. 128) und der griechisch überlieferte Frauenname Αραρα aus Kilikien und Isaurien zu vergleichen (Sundwall, Die einheim. Namen 1913 S. 54), zur Lesung „Aranta-" wäre nicht nur die keilschr. Schreibung „Arantu" des Orontes, des syrischen Hauptflusses, sondern auch die Personennamen Arata und Arati (sprich: Aranta, Aranti?) aus Alalaḫ (vgl. D. J. Wiseman, *The Alalakh Tablets* 1953 S. 128) und der männliche isaurische Name Ορουδης (Sundwall S. 233) heranzuziehen. Wie dem auch sei, der Name des Gottes muss „Ära" gelautet oder mit „Ära-" begonnen haben. Von der gewiss vorhandenen Flussgottheit Aranta dürfen wir absehen, denn der Adlerdämon hat mit dem Fluss Orontes nichts zu tun, ausserdem sind die „hethitischen" Flussgottheiten weiblichen Geschlechts. Mit „Ara-" beginnende Götternamen sind bisjetzt nicht bekannt, wohl aber gibt es einen Gott Ara, von dem ich annehme, dass sein Name der des „luwischen" Adlermischwesens ist. Trifft dies zu, so entspricht K-H ḫara(n)- „Adler" im „Luwischen" „āra „Aar", im Laufe der Entwicklung zu H-H „ăra" verkürzt. Die Etymologie ist durchsichtig. Beide Wörter sind neben ahd. aro, arn, got. ara usw. zu stellen (Friedrich, *Heth. Wörterb.* S. 56, Walde-Pokorny, *Vergl. Wörterb. der indogerm. Sprach.* I 1930 S. 135). Heisst der Adlergott „Ara" so ist der Adlermann im Namen IAr-ra-LÚ-iš (= Ara-zitis) erhalten (KUB XXVI ë3,8), für den auch die ideographische Schreibung IĀMUŠEN-LÚ-iš vorliegt (Laroche, *Recueil* Nr. 39, Additions RHA 1955 S. 91). Dass der Gott Ara noch bis in die griechisch-römische Zeit weiterlebte, davon zeugen Personennamen wie Αρα-μοας „Zeugungskraft des Ara" oder Αρα-πειας „Ara gibt" (Sundwall S. 54). Solche ihrer Bildung nach sehr alten Namen werden nicht unverstanden bis in die ersten Jahrhunderte unserer Zeitrechnung mitgeschleppt. Man darf nie übersehen, dass die Sprachen, in denen muṷa „Geschlechtskraft" und piṷa- „geben" bedeutete, in altchristlicher Zeit noch nicht erloschen waren. Die kleinasiatischen Völker haben sich bei ihren Namen etwas gedacht. Wenn ein Christ einen Vornamen aus dem Kalender erhält, so mag ihm die Bedeutung des Namens entgehen. Er wie seine Eltern wissen, dass es der Name eines oder einer Heiligen ist. So wurde es bei allen religiös gebundenen Völkern gehalten.

Eheolf hat versucht, das in dem Namen des Gottes Ara steckende Wort mit „Wald" zu übersetzen (Kleinasiat. Forsch. I 1930 S. 143). Da dem K-H Wortpaare *ariṷa-ambašši* (dat.-loc.sing.) das Wortpaar *keltiṷa-ambašši* „im Wald (und) im Park" entspräche, müsse *ari-* ein Synonym von *kelti-* „Wald" sein (vgl. auch Sommer-Eheolf, *Pāpanikri* 1924 S. 62 ff.). Friedrich hat die Übersetzungen von *kelti, ambašši* und *ari* bezweifelt und sich eine ausführliche

Behandlung des Problems vorbehalten (Kleine Beiträge z. churr. Gramm. 1939 S. 49 f.). Er verweist auf die Nuzi-Wörter galti und ampaša, die zwar nie paarweise aufträten, aber beide mit Getreide zu tun hätten. Goetze-Pedersen halten *ari-* für churrisch, die Formen auf *-iịa* für Dativ-Locativa sing., die Örtlichkeiten eines Heiligtums bezeichneten (Muršilis Sprachlähmung 1934 S. 42 ff.). Die von ihnen behandelten Wortpaare *ariịa-itarkiịa* und *ariịa-mutriịa* zeigen m.E., auf wie schwachen Füssen die Ehelolfsche Beweisführung steht. Denn man könnte ebenso gut folgern, dass *itarkiịa* und *mutriịa* dem Worte *ambašši* entsprächen. Wenn an der churrischen Herkunft all' dieser Wörter auch niemand ernstlich zweifeln wird, so ist damit noch keineswegs der Weg für eine Gleichsetzung des Gottesnamens Ara mit dem churr. Wort ari-/ara- geebnet. Sehr wohl kann ein zufälliger Gleichklang uns in die Irre führen. Trotzdem halte ich es für denkbar, dass die Churrer, als sie den „luwischen" Adlergott in ihr Pantheon aufnahmen, dem Gotte Züge beilegten, die sich aus diesem Gleichklang ergaben. Diese Möglichkeit war bei einem Vegetations- und Fruchtbarkeitsgott, dessen Emblem ein Baum oder eine Pflanze war, um so eher gegeben, wenn ari-/ara- etwas mit „Wald" zu tun hatte. Dass der Gott Ara auch im Churrischen männlichen Geschlechts war, beweist der churrische Personenname Ara-šarri (A-ra-aš-šar-ri) „Ara (ist) König", der in Alalaḫ auf einer dem 18. Jahrhundert angehörenden Tafel steht (vgl. D. J. Wiseman, *The Alalakh Tablets* 1953 S. 128).[10]) Trifft die chronologische Einordnung der Tafel zu, so war der Gott Ara bereits im 18. Jahrhundert in's churrische Pantheon eingegangen, also zu einer Zeit, als der Adlergott noch nicht vom Greifengott verdrängt worden sein konnte. Man versteht, weshalb auch im Churrischen der Name des Adlergottes auf den Greifengott überging, als dieser um 1500 den Adlergott abzulösen begann. Der Greifengott war das Produkt einer auswärtigen Mode, der man folgte. Sie änderte am Wesen und am Namen der alten Adlergottheit nichts.

Obwohl Laroche die Herleitung des Gottesnamens Ara von dem churr. Wort ari- „Wald"(?) bezweifelt, hat er den Gott unter den churrischen Gottheiten verzeichnet (RHA VII 1946-47 S. 45). Mit Unrecht, insofern der Gott „luwischer" Herkunft ist, mit Recht, weil wir aus den Siegelbildern, vor allem aus Nuzi, ersehen konnten, dass der Adler- und Greifengott tatsächlich im churrischen Pantheon Fuss gefasst hat. Die wenigen von Laroche angegebenen Texte, die den Gott Āra enthalten, sprechen keineswegs für ein churrisches Milieu des Gottes. Nur in KUB XXX 27 folgt Āra auf die churrische Ištar-Allāni, eine Verbindung, die auf Siegeln häufig zu gewahren ist (vgl. H. Frank-

---

[10]) Das Element ara darf nicht mit den churr. Namenselementen ar oder ari verwechselt werden. Beide werden niemals ara geschrieben (Nuzi Personal Names 1943 S. 202 f.). Ara erscheint in Alalaḫ auch als selbständiger männlicher Personenname.

fort, *Cylinder seals* S. 254 Abb. 82: Adlermensch mit Fisch in der Hand im
Knielauf hinter der Nackten Göttin; G. Contenau, *La glyptique syro-hittite*
Abb. 278: doppelköpfiger Greifenmann mit Tieren in den Händen vor der
Nackten Göttin; Abb. 295: Nackte Göttin, daneben Stiermensch und Greifenmann, eine Standarte flankierend; H. B. Walters, *Catalogue of the engraved
gems in the Brit. Mus.* 1926 Taf. III Nr. 119: Adorant vor der Nackten Göttin,
hinter der ein Greifenmensch steht). Dass der Adlermensch auf einigen Siegeln
doppelköpfig auftritt, verbindet ihn mit dem hethitischen Doppeladler, aber
auch mit dem doppelgesichtigen Janus. Der doppelköpfige Greifendämon ist
auch von einem Siegel aus Assur bekannt (H. Frankfort, a.a. O.S. 187 Abb. 59).
Aus KUB XVII 20 II 7 f. erfahren wir lediglich, dass der Gott Āra in einer
Götterversammlung hinter dem Gotte Kelti, dem Sohne der Göttin Aa, sass.
Aa, sonst auch Aịa, ist die Gemahlin des akkadischen Sonnengottes Šamaš.
Die der Versammlung beiwohnenden Gottheiten gehören den verschiedensten
ethnischen Schichten an, meist handelt es sich um personifizierte Begriffe (vgl
Bossert, Mitteil. d. Inst. f. Orientforsch. IV 1956 S. 202 ff.). So folgen
unmittelbar auf Āra der Überfluss, die göttliche Rechtsordnung, die Freude
usw. Es liegt nach allem Vorgebrachten nahe, in Āra eine Personifikation der
Fruchtbarkeit, der Zeugung in der Natur, zu sehen.
In dem Totenopfer-Ritual KUB XXX 27 bleiben, soweit erhalten, auf Vorder-
und Rückseite die Gottheiten die selben, nur die Opfertiere ändern sich. Āra
erscheint als letztes Glied einer Reihe, die mit der unterirdischen Sonnengöttin,
der churr. Ištar-Allāni und den unterirdischen Gottheiten schliesst.

## KUB XXX 27 Rs

9. *I-NA* UD III.KAM-*ma* I UDU *A-NA* DUTU DINGIR.MEŠ
   *ŠA-ME-E-ịa*
10. I UDU-*ma-kán ták-na-aš* DUTU-i D*Al-la-a-ni*
11. *ták-na-aš-ša* DINGIR.MEŠ-*aš* BAL-*ti* I UDU-*ma-kán A-NA* DA-*a-ra*
    BA[L-*ti*]
12. I GUD.ŠE-*ma-kán* VIII UDU-ịa *ak-kán-ta-aš* ZI-*ni* BAL-[*ti*]

9. Am 3. Tag aber opfert man ein Schaf dem Sonnengott und den Gottheiten
   des Himmels,
10. ein Schaf aber der Sonnengöttin der Erde, der Göttin Alāni
11. und den Gottheiten der Erde. Ein Schaf aber opfert man dem Āra.
12. Ein Mastrind aber und acht Schafe opfert man der Seele der Verstorbenen.

Vorstehender Text wurde zuletzt von H. Otten behandelt (*Heth. Totenrituale* 1958 S. 98 ff.). Otten vermutete in der Gottheit Ara den deifizierten Begriff *ara-* „Wohl, Recht, Angemessenes" (a.a.O. S. 99 Anm. 2) und gab aus Bo 2432,11 noch die Stelle I UDU D*A-a-ra* D*Ḫi-en-kal-li* „ein Schaf für Āra und Ḫenkalli". Die aus akkad. *ḪEGALLU* in's Churrische übernommene Gottheit Ḫingallu ist der deifizierte Begriff „Überfluss, strotzende Fülle" (E. Laroche, RHA VII 1946-47 S. 48 Anm. 7).

In einem Ritual gegen Bezauberung (KUB XXIV 9 mit den Paralleltexten 10 u. 11) tritt der Gott Ara (11 II 14) in nichtchurrischer Umgebung auf. Vorausgehen in diesem Ritual die Gottheit Maruaian(za) und der Sonnengott, auf Ara (dat. D*A-ri-ia*) folgen die Gottheiten des Weges und die Salauuanas-Gottheiten des Grossen Tores. Für diese Torgottheiten singt der Sänger von Kanes (Bossert, *Ein hethitisches Königssiegel* 1944 S. 31 ff.). Eine Weggottheit wird in dem H-H Text aus Kötükale höchstwahrscheinlich angerufen (Le Muséon LXVIII 1955 S. 90 f. zu Wort 41).

In dem Bruchstück KBo III 30 erscheint in Zeile 4 eine Gottheit D*A-ra-a-ša* „und Arās" nach D*Kán-ta-ru-u*[*š*?] am Ende einer unvollständigen Götterreihe. In Zeile 7 ff. dürften die selben Gottheiten wiederholt sein: D*Kán-ta-ru-*[......... D*Ḫi-la-al-la-* [......... Ich sehe keinen zwingenden Grund, mit E. Laroche die Gottheit Arās von Āras (und Aras) zu trennen (vgl. RHA VII 1946-47 S. 80). Die Götternamen Kantaru und Ḫilalla- machen einen „luwischen" Eindruck.

Damit sind die Texte erschöpft, nicht aber konnten alle die Siegel mit Vogelmenschen ausgewertet werden. Religionsgeschichtliche Vergleiche mit dem ithyphallischen Adlerdämon sind naheliegend. Phallische Steinsetzungen finden sich vielfach in Anatolien auf Gräbern, auch im „hethitischen" Gebiete (vgl. Bossert, *Anatolien* Abb. 201 u. 203). Die Phallusgräber [11] bedürften

---

[11] Von dem im Museum zu Kayseri befindlichen Grabmonumenten in Phallusform sei hier ein angeblich aus Inönü Köyü bei Konya stammender, 94 cm hoher hellgrauer Kalksteinphallus abgebildet (Abb. 21), weil er als einziger eine „Aufschrift", zwei gekreuzte Arme in Relief, zeigt. Dieses Ideogramm dürfte von dem H-H Zeichen Meriggi Nr. 3 herzuleiten sein, das in Karkamis und Çekke nachzuweisen ist (M¹ Xl u. 5; A 19 j 1,Zeile 3; Çekke Zeile 5). — Drei Bruchstücke von rotpolierten Tonphallen des 2. Jahrtausends aus Kültepe sind seit 1938 im Museum von Kayseri ausgestellt (Nr. 1789, 1933 u. 1964), die man zunächst für „Olisboi" hätte halten können. Ein im Jahre 1953 von Bauern gefundenes, recht gut erhaltenes rotpoliertes Phallus-Rhyton (Abb. 19) lässt jedoch hinsichtlich der Ergänzung und Verwendung der drei genannten Bruchstücke keinen Zweifel: sie gehörten zu Rhyten. Die Gesamthöhe des Rhytons Nr. 2925 beträgt 26,5 cm, der Durchmesser der oberen Öffnung kann ungefähr mit 10 cm angegeben werden. Die Eichel hat an ihrer Spitze keine Öffnung; auch bei den drei Bruchstücken fehlt diese. Die Hoden sind durch verhältnismässig kleine Buckel angedeutet, die dem Gefäss als Auflage dienen konnten. — Schon in den Gräbern der Yortan-Kultur

dringend einer archaeologischen Untersuchung, aus der ihre Verbreitung und zeitliche Einordnung hervorginge.[12]) Pan, Priapos, die Satyrn und Silene, halb menschlich, halb tierisch dargestellt, sind phallische Gottheiten der Natur-kräfte. Erinnert sei ferner an den aegyptischen Zeugungs- und Fruchtbarkeits-gott Min von Koptos, der stets ithyphallisch gebildet wird. Noch die Griechen verehrten ihn als Pan euhodos, als den Gott, der eine glückliche Reise gewährte (A. Erman, *Die Religion der Aegypter* 1934 S. 35 f. u. Abb. 22). Von den Japanern wurden phallische Figuren an den Wegen aufgestellt (Bertholet-Lehman, *Lehrb. der Religionsgesch.* I 1925 S. 294, 337, 341). Die in Südindien verbreiteten Linga-Steine symbolisieren den Gott Šiva mittels seines Genera-tionsorganes (W. Kirfel, *Der Hinduismus,* 1934, S. XXX u. Abb. 112-116). Sehr wichtig scheint es mir, dass die Parallelen bei dem hethitischen Janus und dem Adlergotte noch eingehender untersucht würden. Es wäre nur an Hand vieler Abbildungen möglich, denn den wenigsten Lesern stehen alle zitierten Bücher zur Verfügung. Auf einiges wurde aufmerksam gemacht, vieles bliebe zu sagen übrig. Auf griechischen Münzen Kleinasiens kommen Adler und Greifen vielfach, nicht dagegen Adler- oder Greifenmenschen vor. Ein Löwen-mensch auf einer Münze von Kyzikos verdient zum Schlusse unsere Aufmerk-samkeit (vgl. H. v. Fritze u. H. Gaebler, Nomisma VII 1912, Die Elektron-prägungen von Kyzikos S. 10 u. Taf. IV 9 u. Head, Historia Nummorum 1911 S. 524 Abb. 270, darnach unsere Abb. 22). Im Knielauf eilt ein mit einem Löwenhaupte ausgestatteter und geflügelter Mensch nach rechts, in der vorge-streckten Rechten einen Fisch tragend. Nicht nur der Fisch, der, wie wir sahen, auch ein Attribut des Adlermenschen und des Janus ist, gemahnt an Altana-tolisches, sondern das Mischwesen in seinem ganzen Habitus, Mensch im Knielauf mit Tierkopf und Flügeln, ist m.E. ohne die einheimische Tradition undenkbar und setzt diese im griechischen Gewande fort.

---

(1. Hälfte des 3. Jahrtausends) sind Phalloi aus Ton gefunden worden, doch scheint es sich eher um Stier- als um Menschenphalloi zu handeln. Als Totenbeigaben können diese Phalloi kaum etwas anderes als die „Fruchtbarkeit" symbolisieren. Ein in Privatbesitz befindliches Stierphallus-Gefäss aus der Umgebung von Balıkesir (Yortan-Kultur) ist 8,7 cm hoch, schwarz poliert, weiss inkrustiert und zeigt zwei kleine Löcher zum Aufhängen(?). Unterhalb des Rautenbandes schliesst der Phallus in einer ebenen Standfläche (Abb. 18, nach Zeichnung von Klaus Bockmann, Istanbul). Südlich des Taurus wurde auf dem Hüyük von Misis (Mopsuhestia) ein etwa 5,7 cm langer hellgrauer Kieselstein aufgelesen, der lediglich durch Einritzung einer Eichellinie zu einem Phallus umgestaltet wurde (Abb. 20). Ob dieses Stück aus hethitischer Zeit stammt, bleibt vorläufig ungewiss, doch dürfte der Phallus-Kult seit dem 3. Jahrtausend in Anatolien vornehmlich oder ausschliesslich von „hethitischen" Völkern ge-pflegt worden sein.

[12]) Eine wichtige Vorarbeit hat K. Bittel im Archaeol. Anzeiger 1939 Sp. 171-173 geleistet.

Wir fassen zusammen. Wie bei vielen Völkern alter und neuer Zeit gab es auch im hethitischen Kulturkreise göttlich verehrte Mischwesen, deren Gestalt im Kulte durch Menschen in Tiermasken versinnbildlicht wurde. Einer dieser Tierdämonen ist der geflügelte Adler- oder Greifenmensch, in dessen Maske sogar der König bei Opferhandlungen auftritt. Die in der K-H Texten vorkommende Gottheit Āra, ein deifizierter Begriff für „Fruchtbarkeit", dürfte mit dem phallischen Adlermischwesen identisch sein. Dass Āra im K-H Totenritual erscheint, steht in Verbindung mit der schon im 3. Jahrtausend nachweisbaren Sitte, den Gräbern Phallen, d.h. Fruchtbarkeitssymbole, beizugeben. Im 2. Jahrtausend sind in Zentralanatolien Phallus-Rhyten im Kulte benutzt worden. Noch in sehr viel späterer Zeit legen Grabsteine in Phallusform Zeugnis davon ab, dass neues Leben aus den Gräbern erwartet wurde.

Vorstehende Abhandlung wurde am 21. Juni 1956
abgeschlossen und an die Druckerei gesandt. Die
bis Sommer 1959 erschienene Literatur konnte nur
in einigen Fällen berücksichtigt werden.

Istanbul, August 1959                    Der Verfasser.

Abb. 1 b

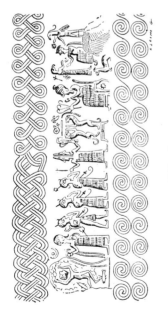

Abb. 1 a

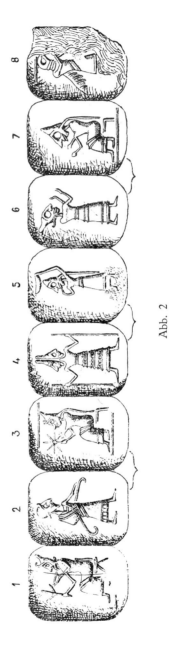

Abb. 2

Abb. 3

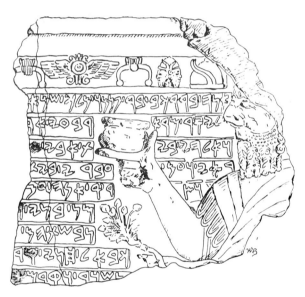

Abb. 4

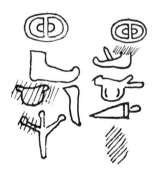

Abb. 5

a                          b

Abb. 6 a-b

Abb. 7                                    Abb. 8

Abb. 9

Abb. 10

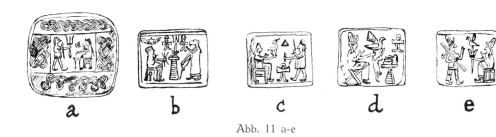

Abb. 11 a-e

Abb. 12

Abb. 13

Abb. 14

Abb. 15

Abb. 16

| A 6,1 | | A 6,6 | |
|---|---|---|---|
| A 7 b 1 | | | |
| A 15 b** 1<br>A 24 a* 4-5 | | GS II 220 | |

Abb. 17

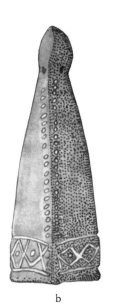

a               b               c

Abb. 18 a-c

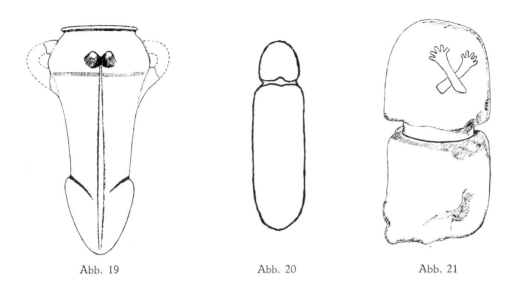

Abb. 19                    Abb. 20                    Abb. 21

Abb. 22